This belongs to:

- - - - - - - - - - - - -

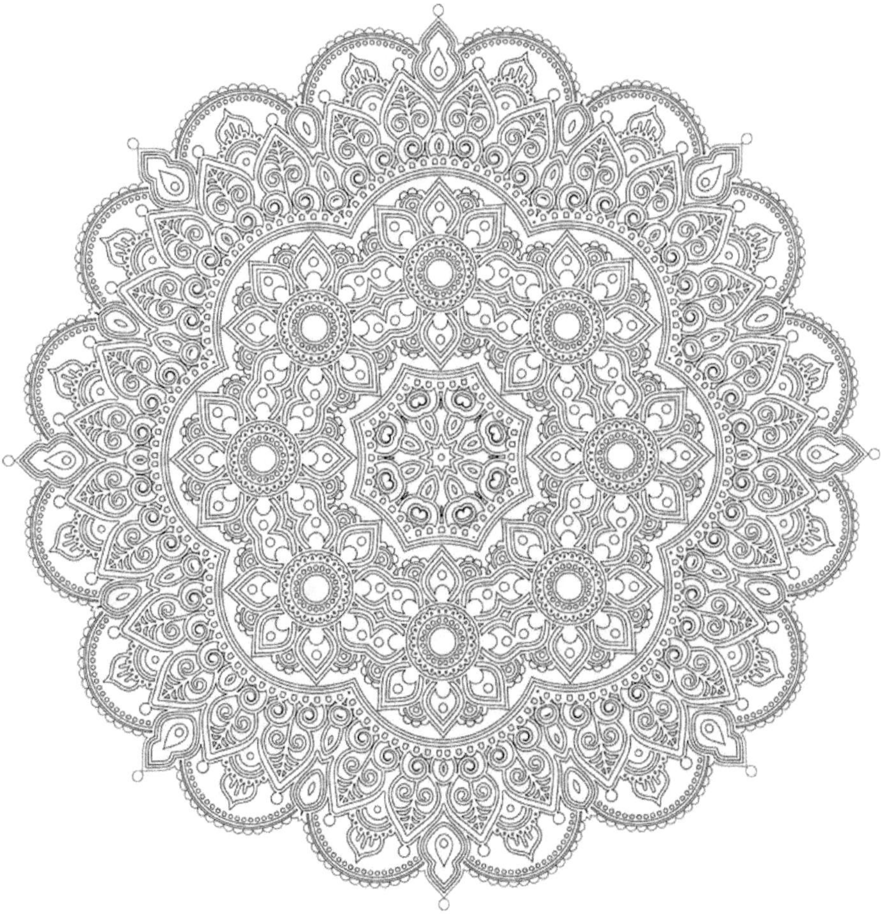

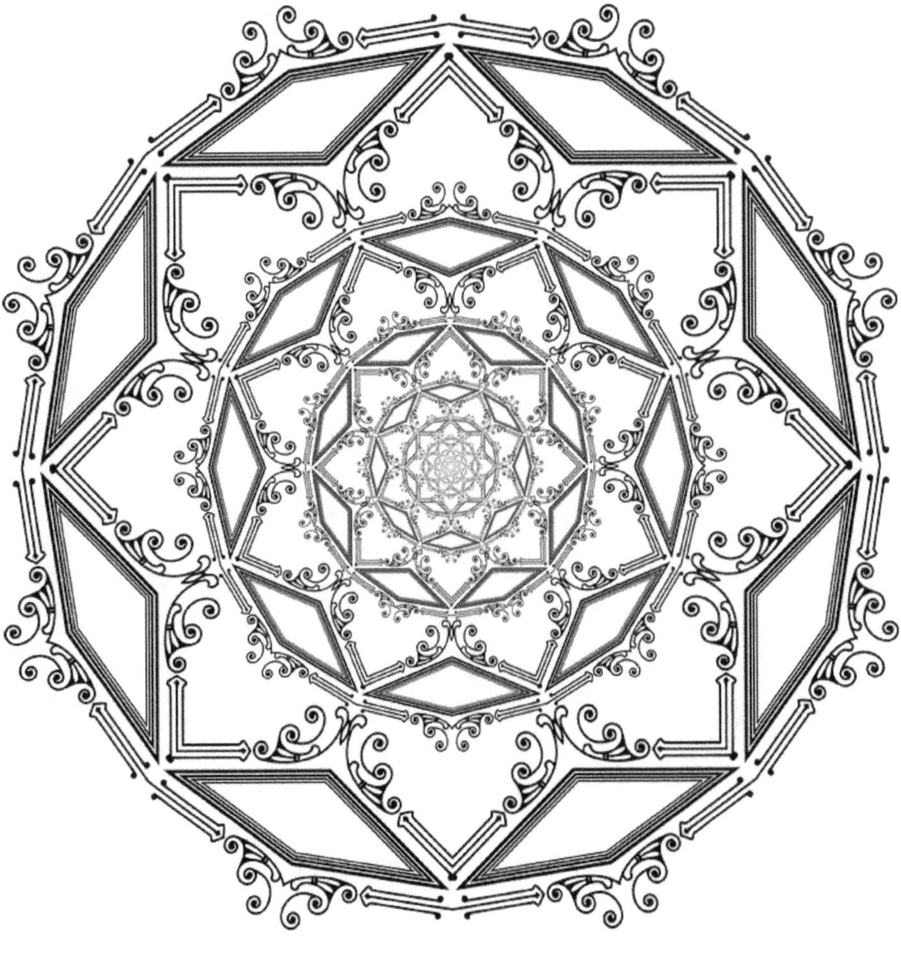

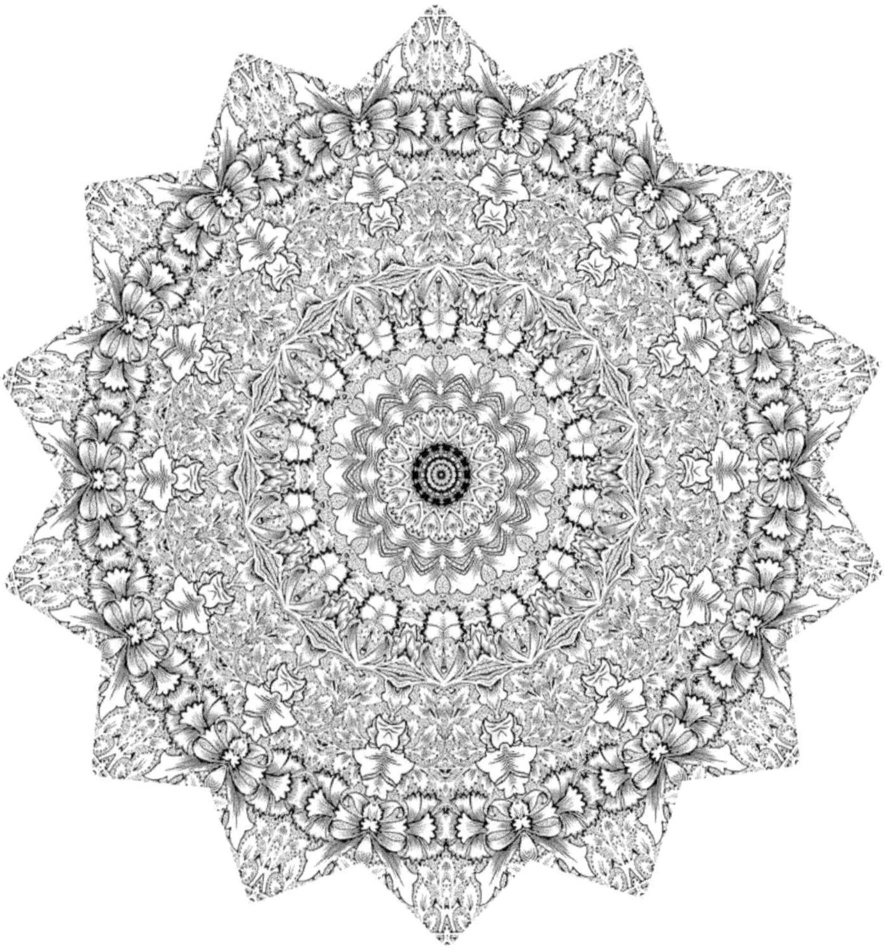

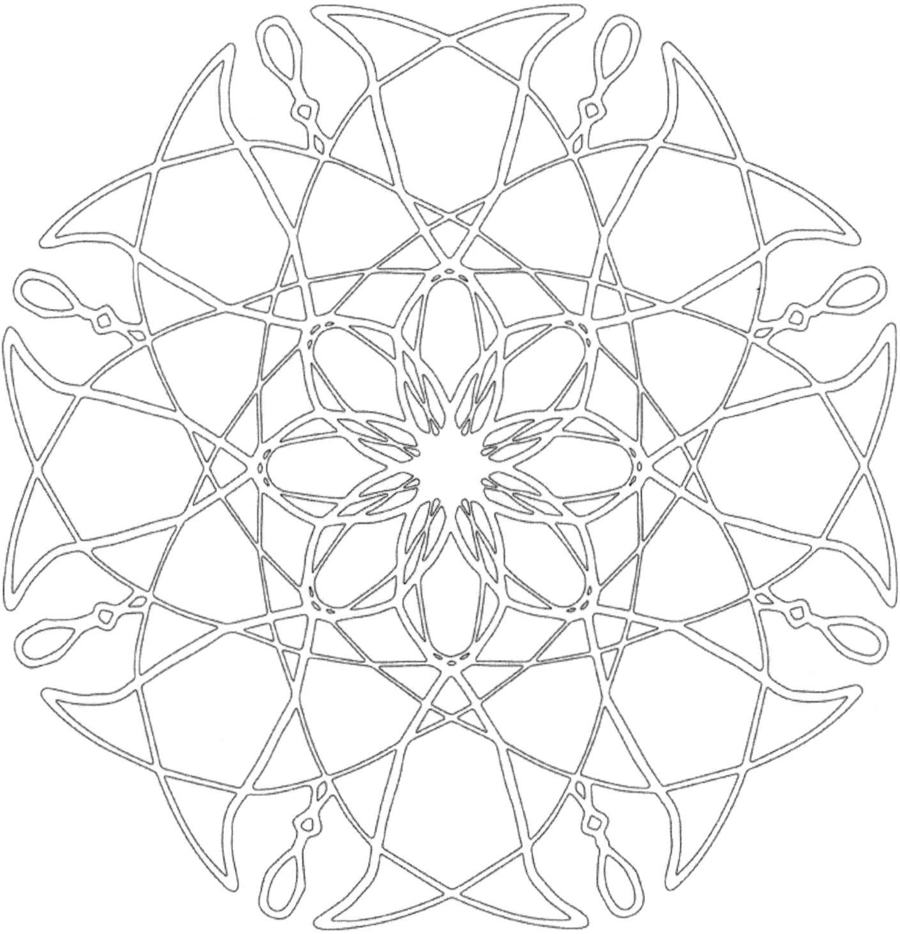

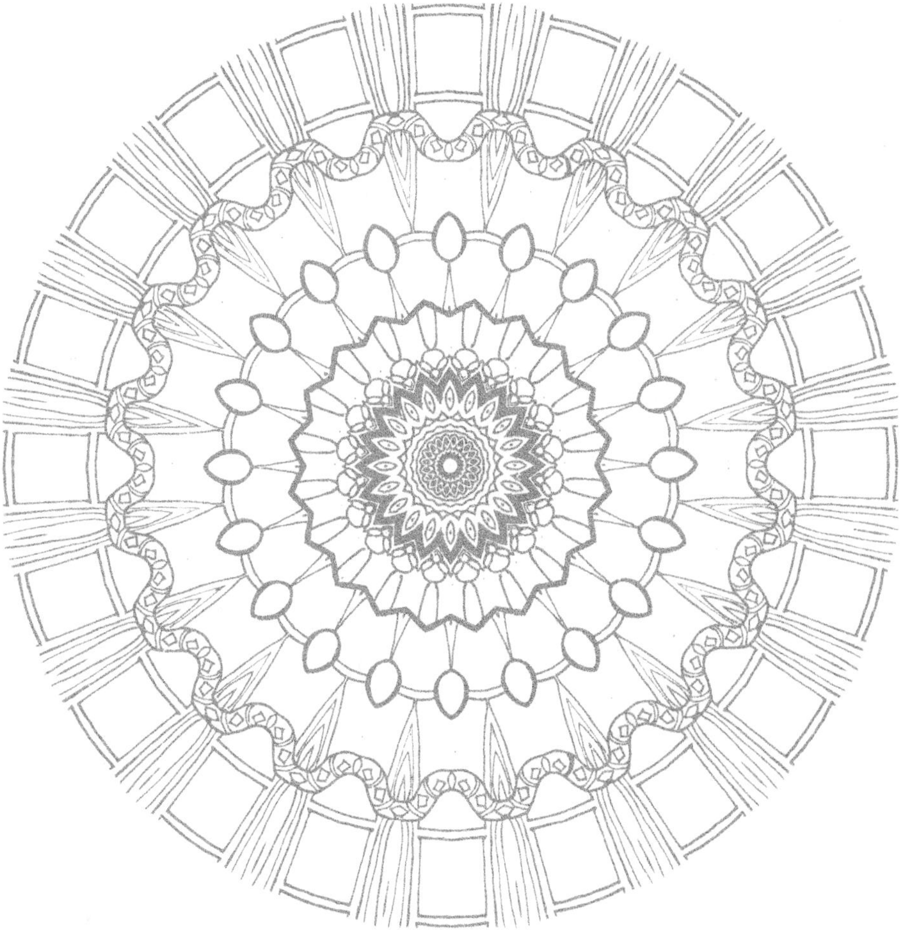

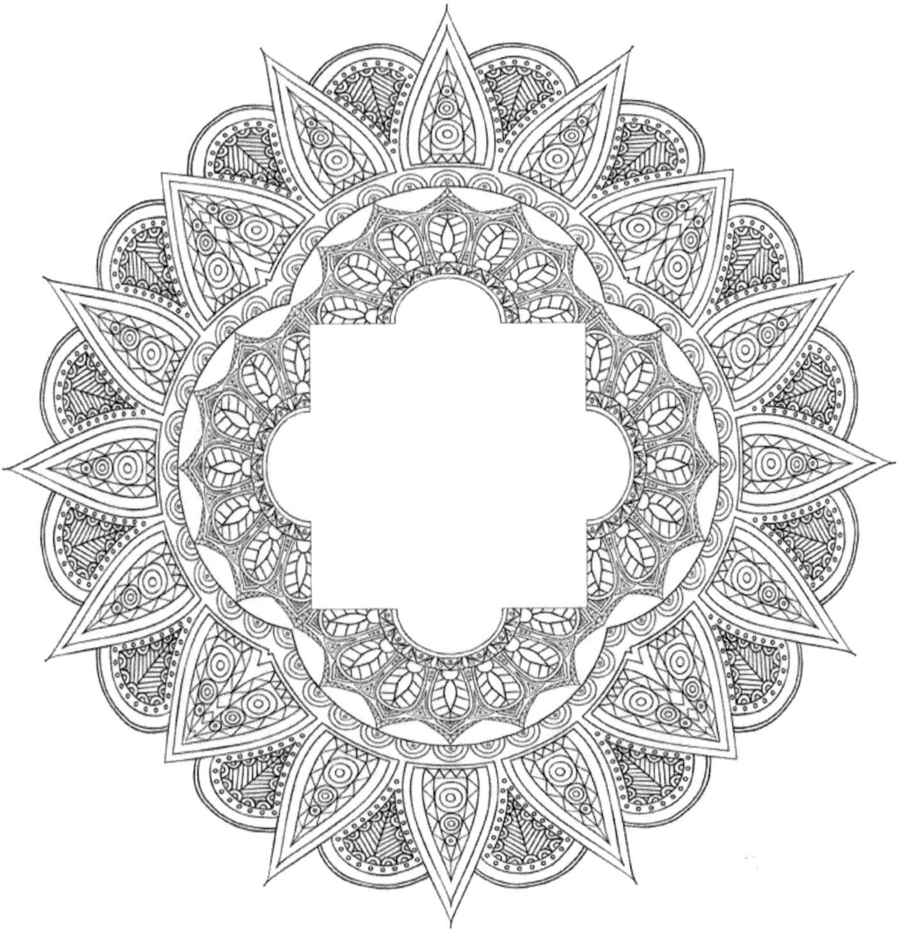

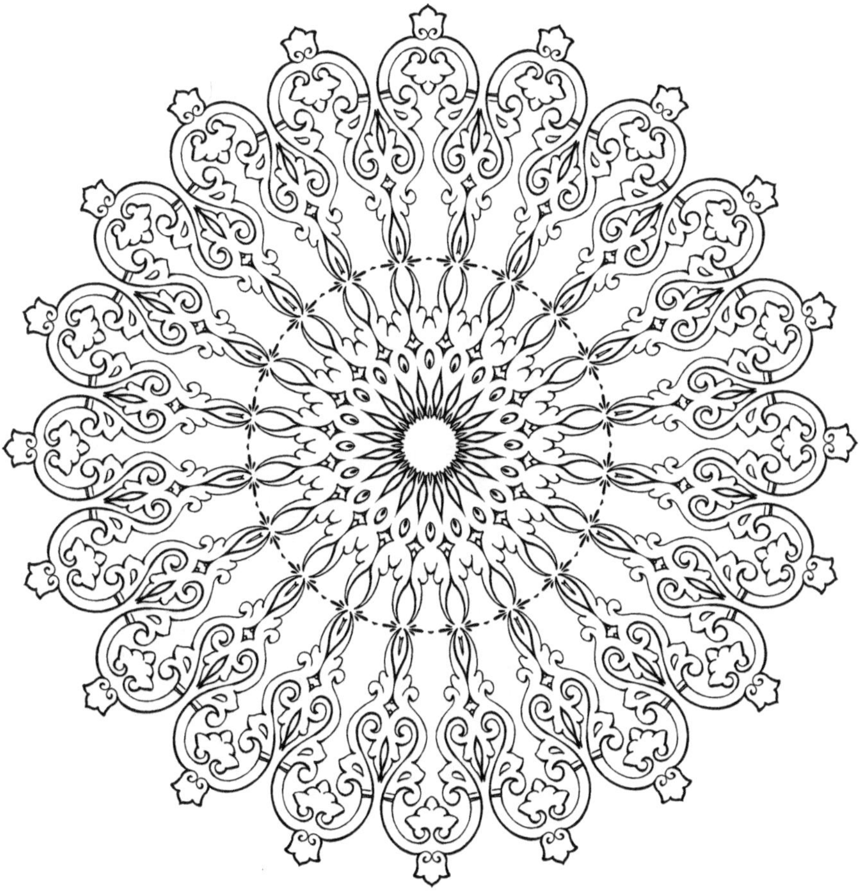

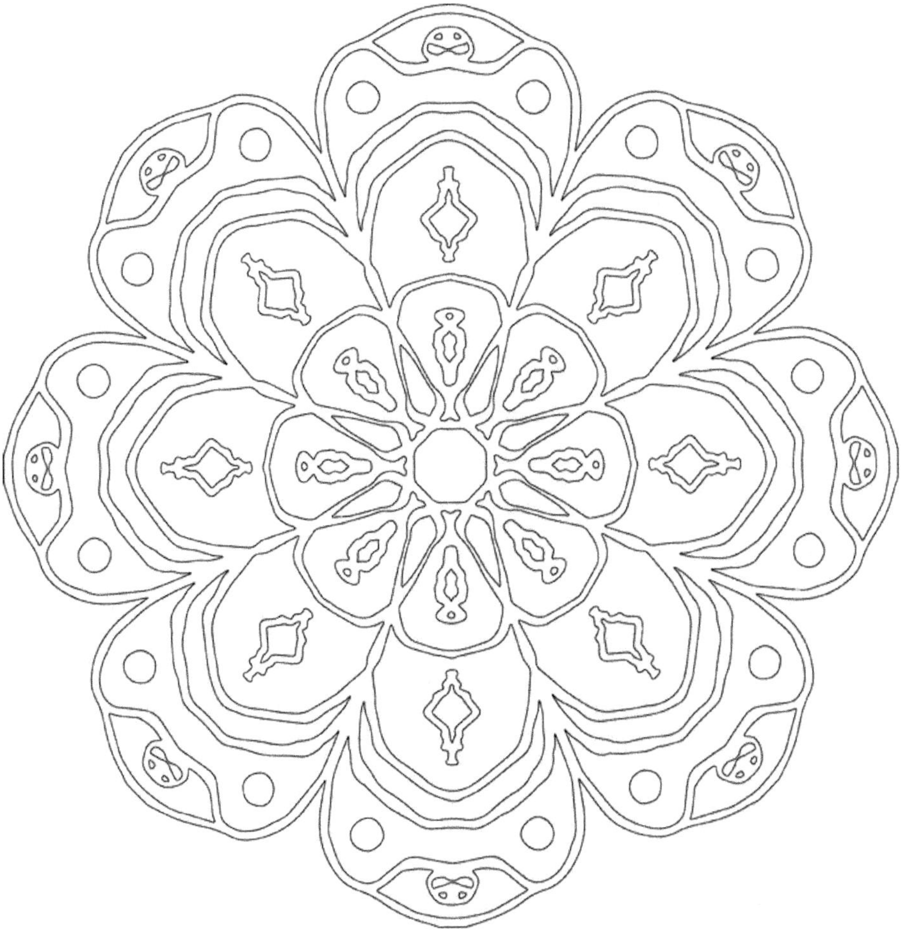

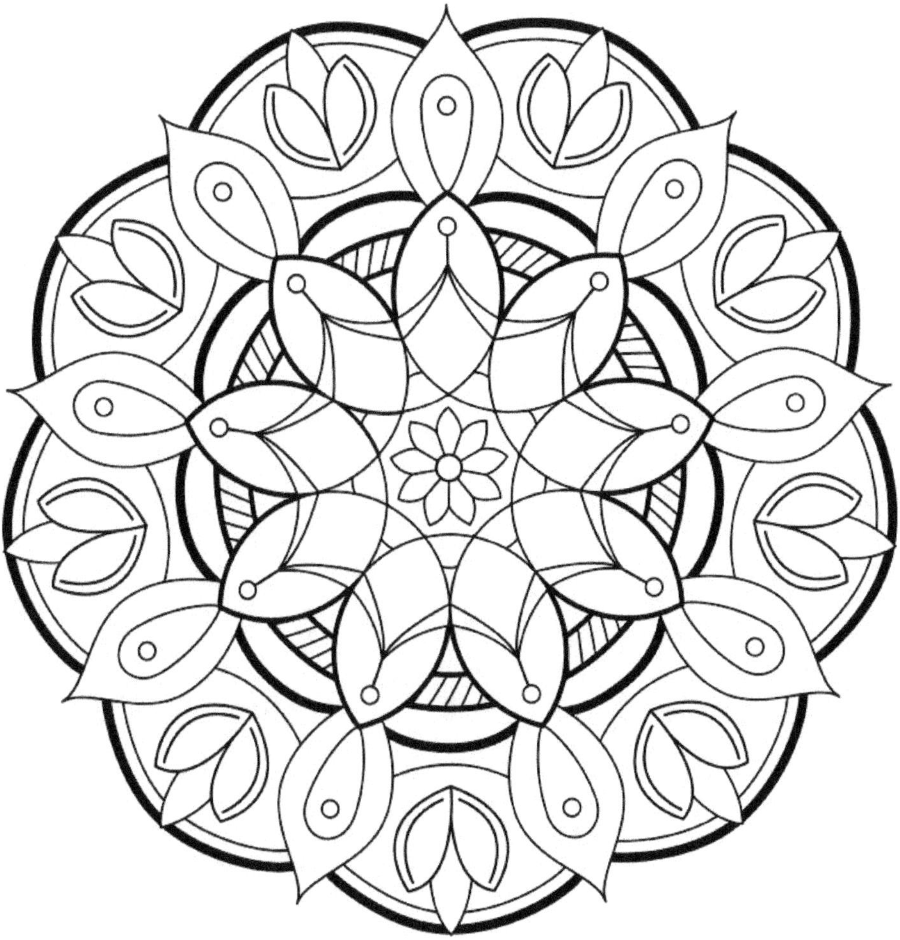

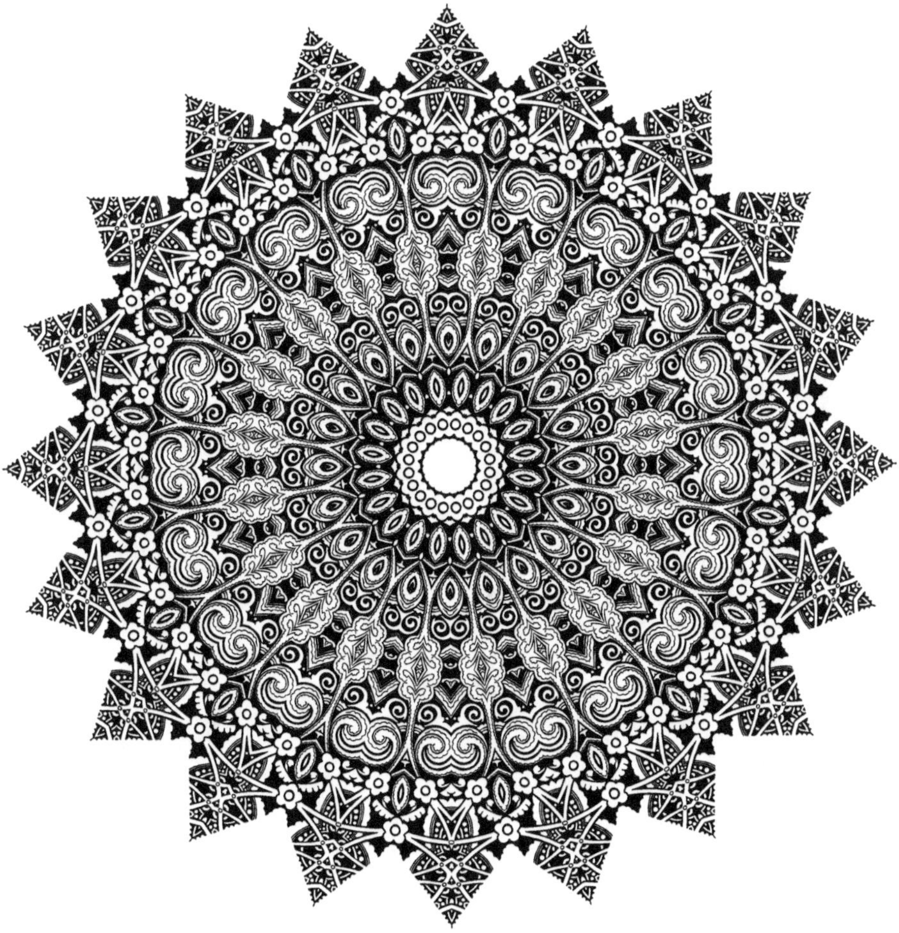

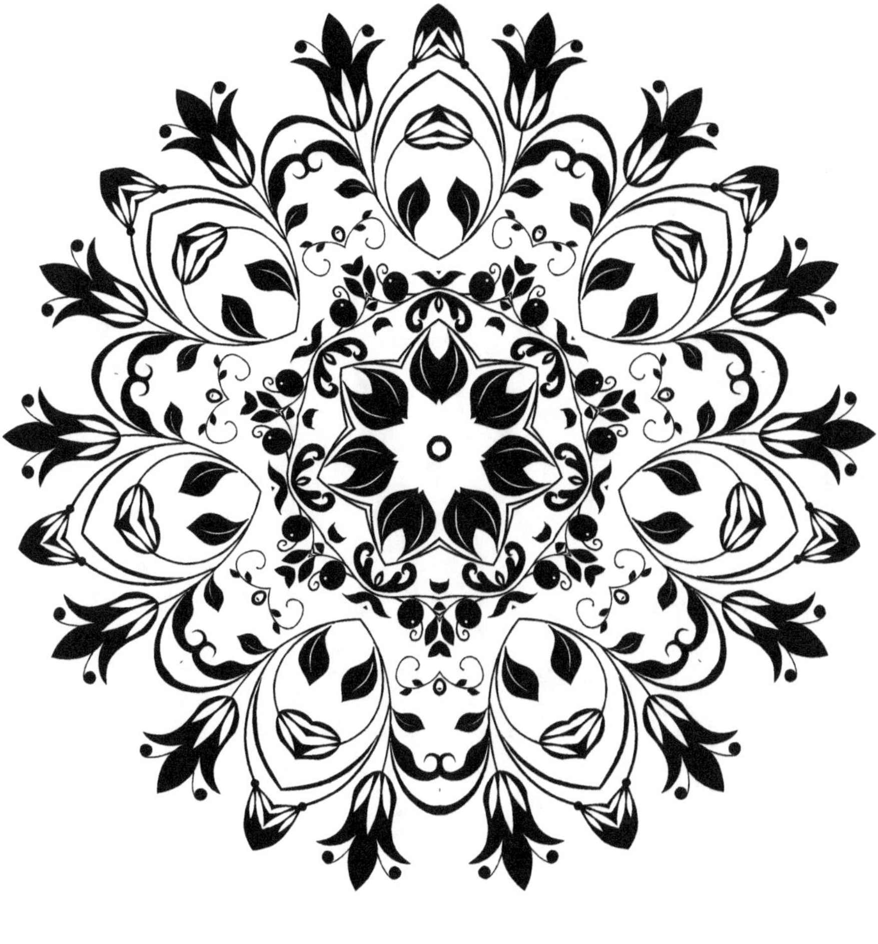

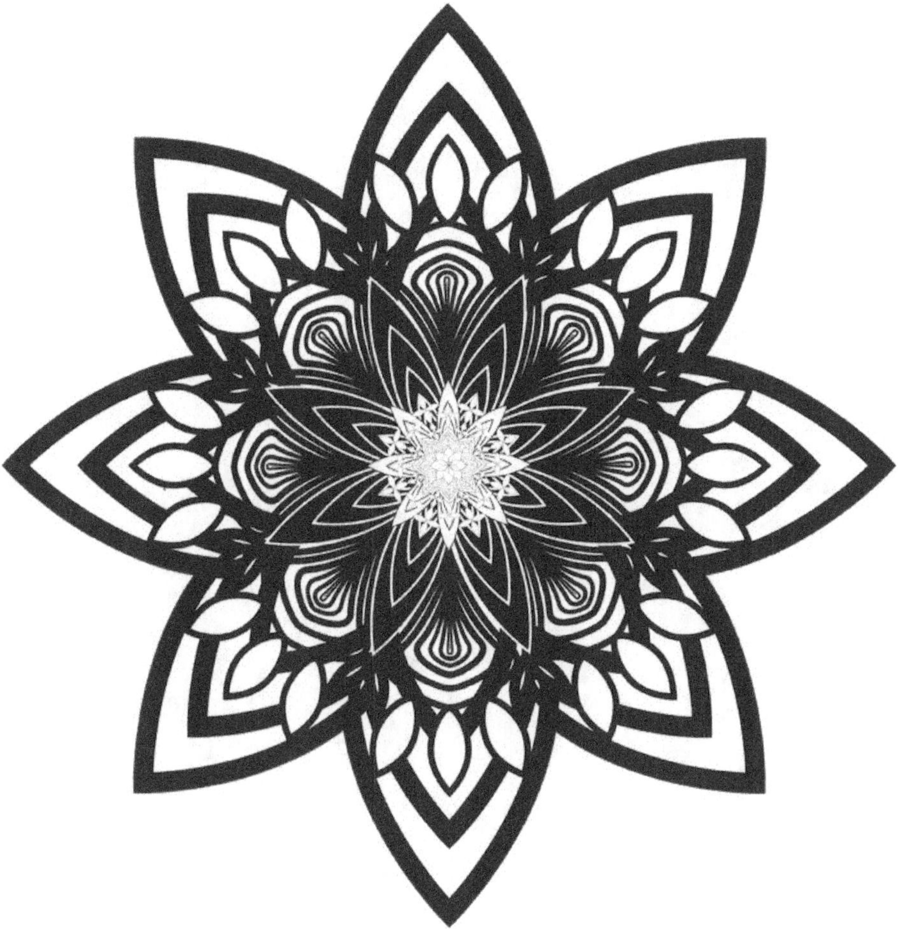

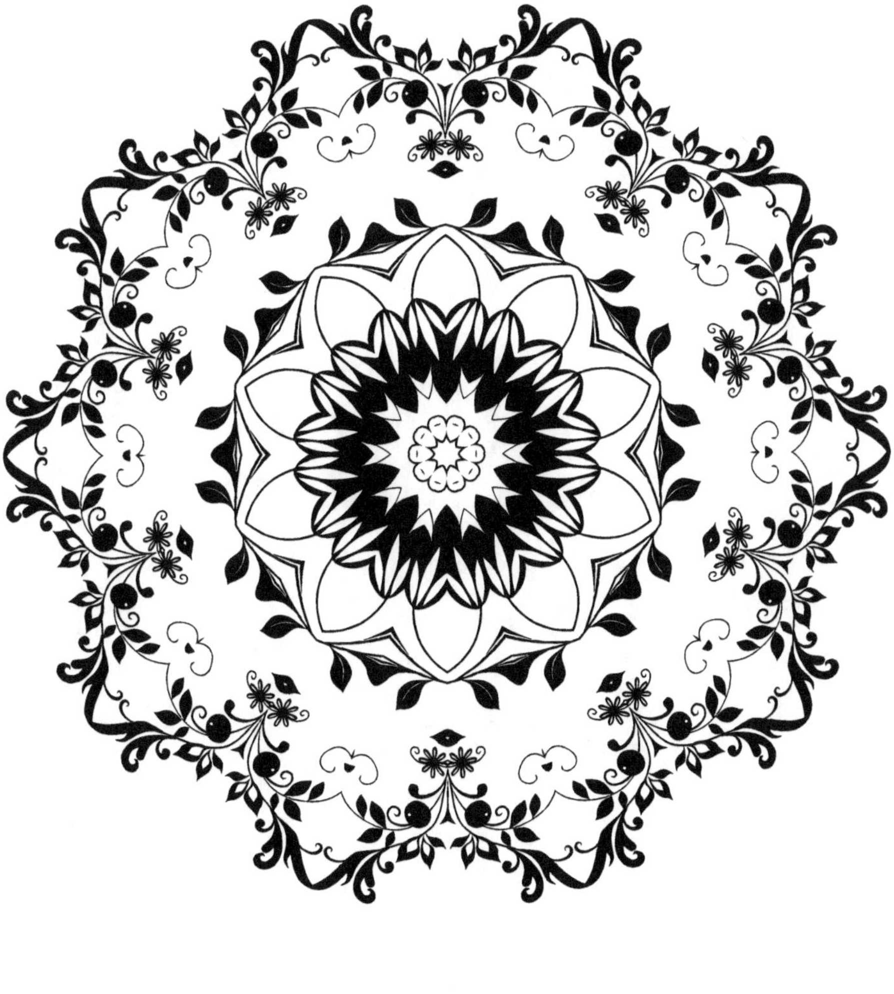

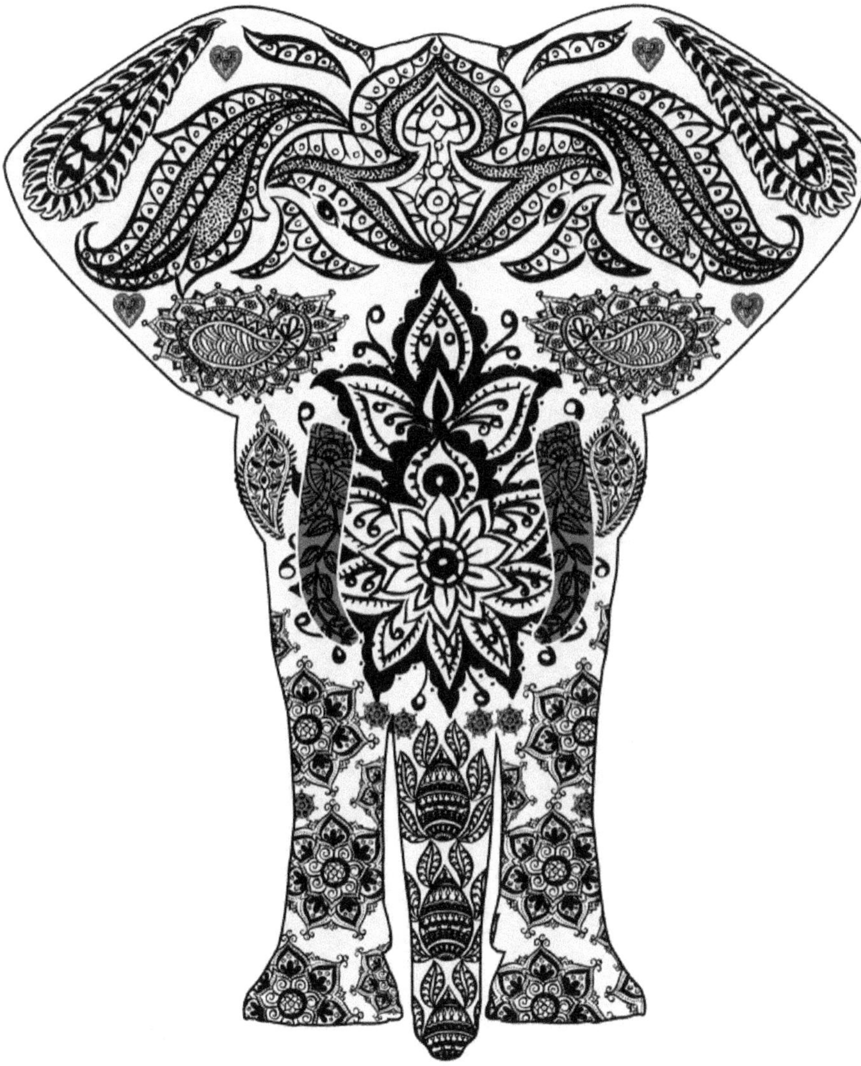

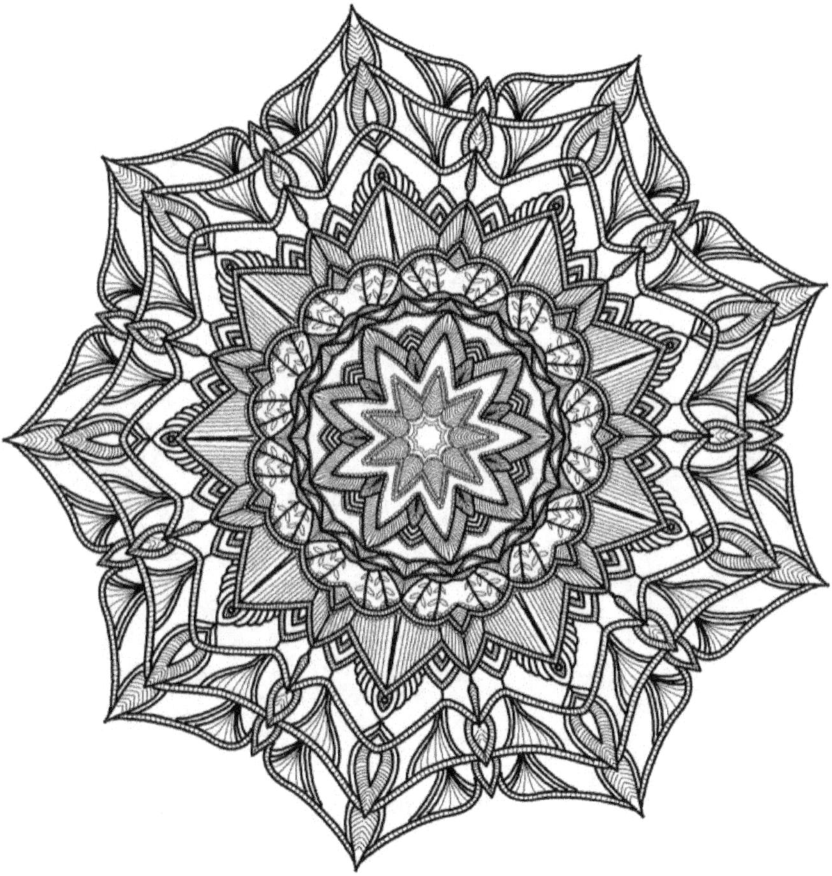

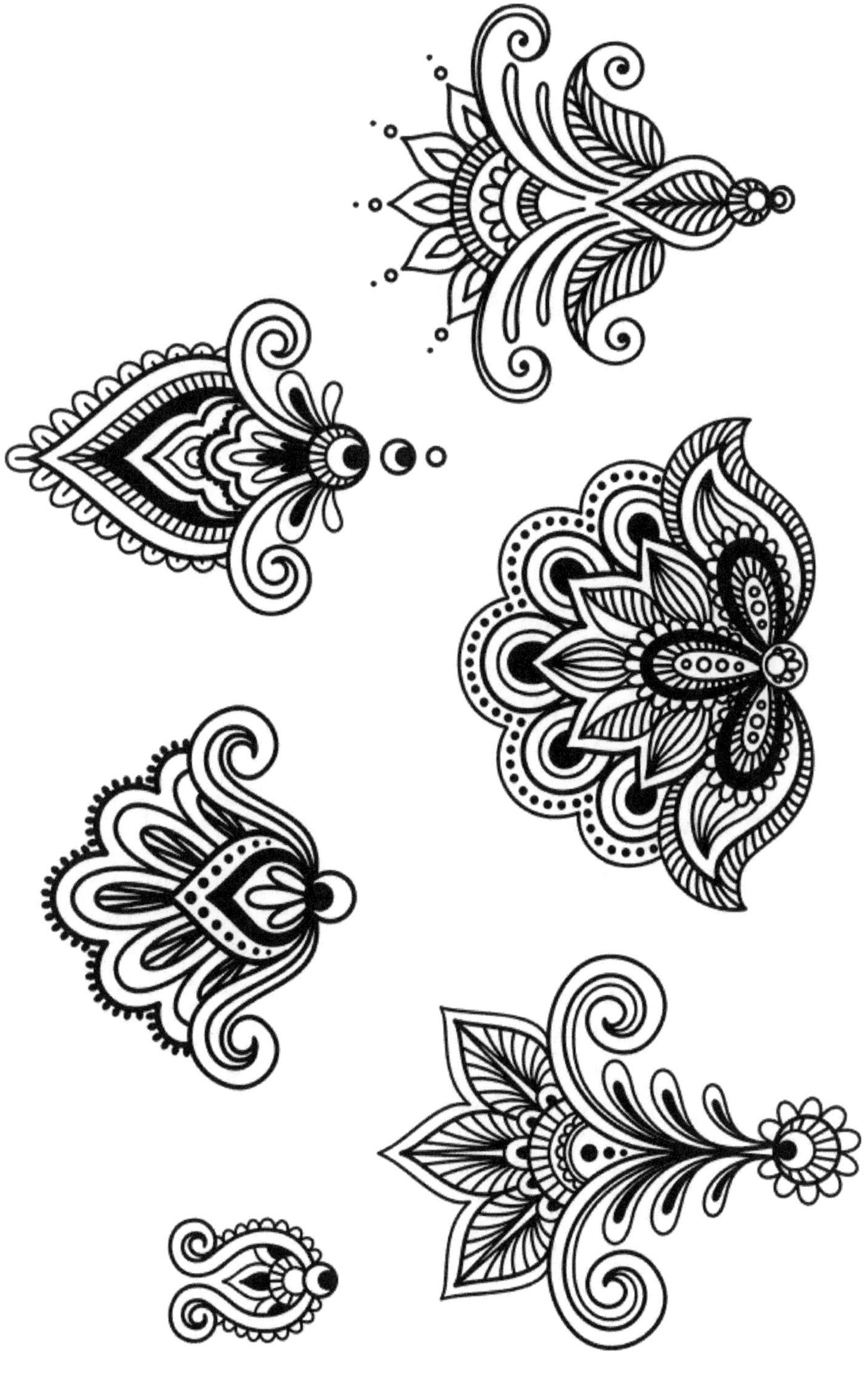

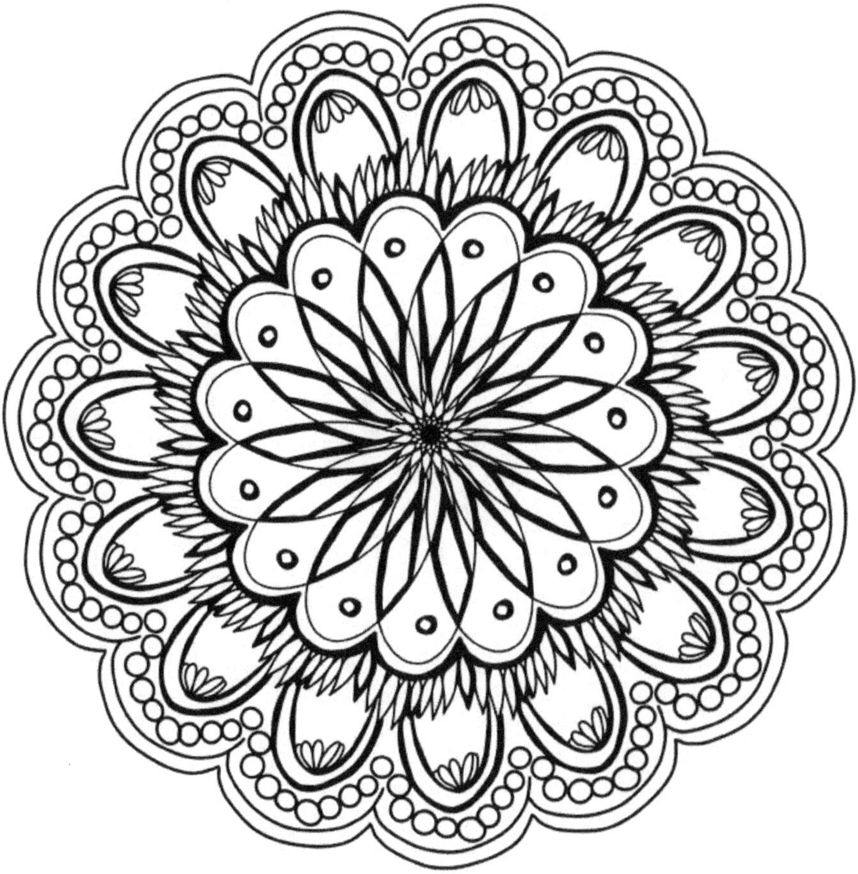

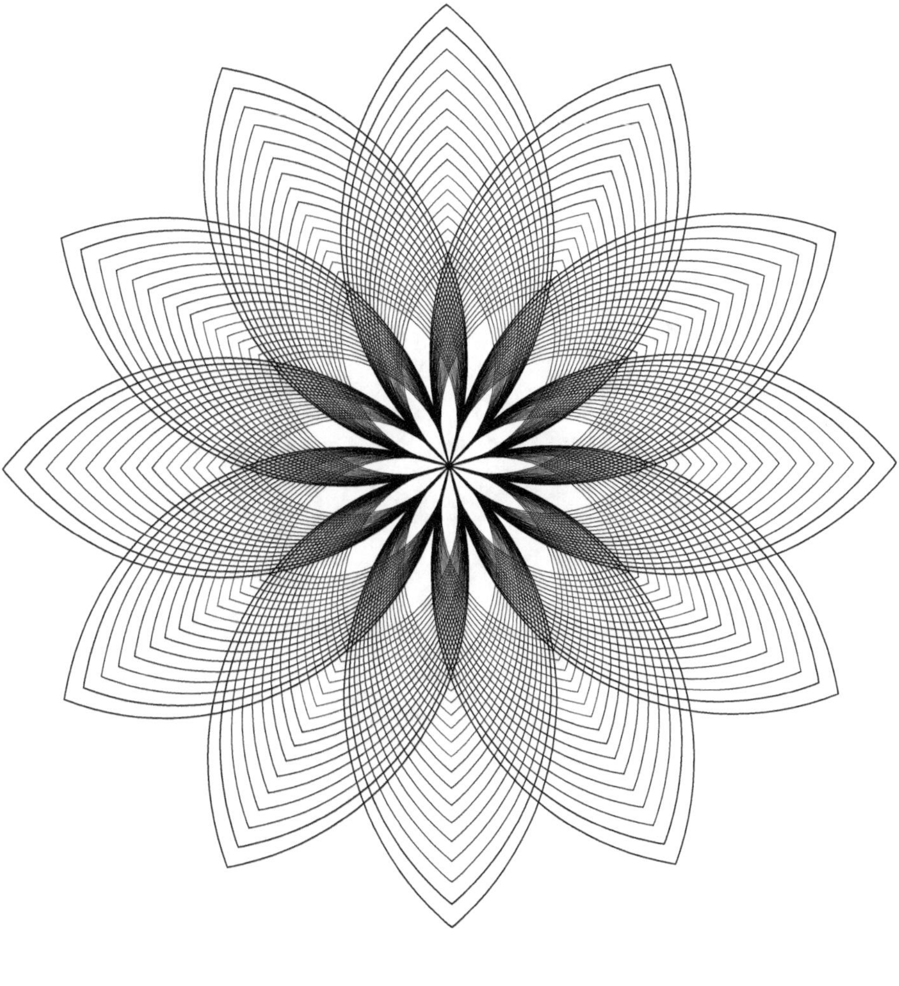

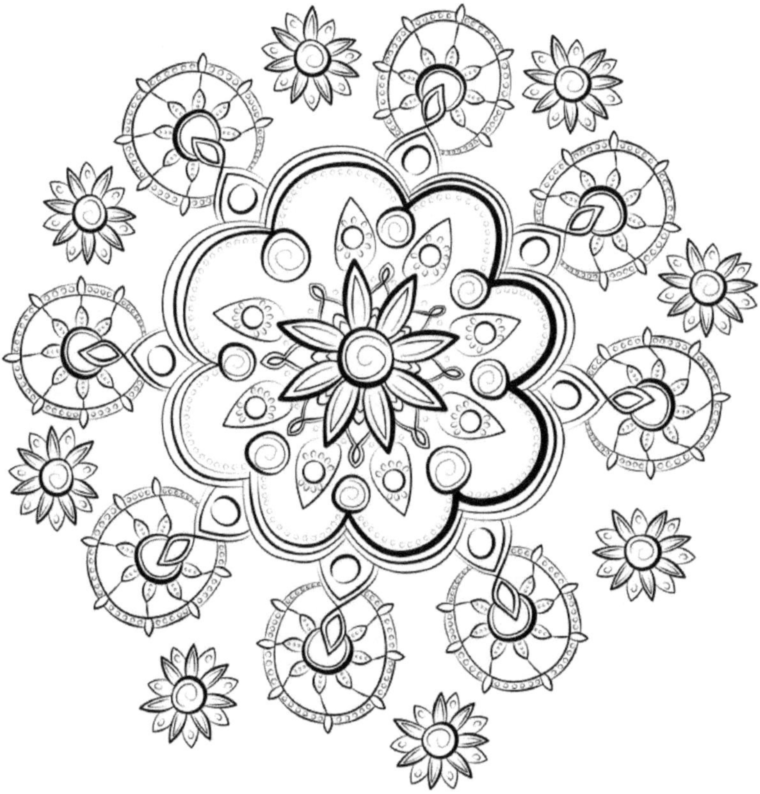

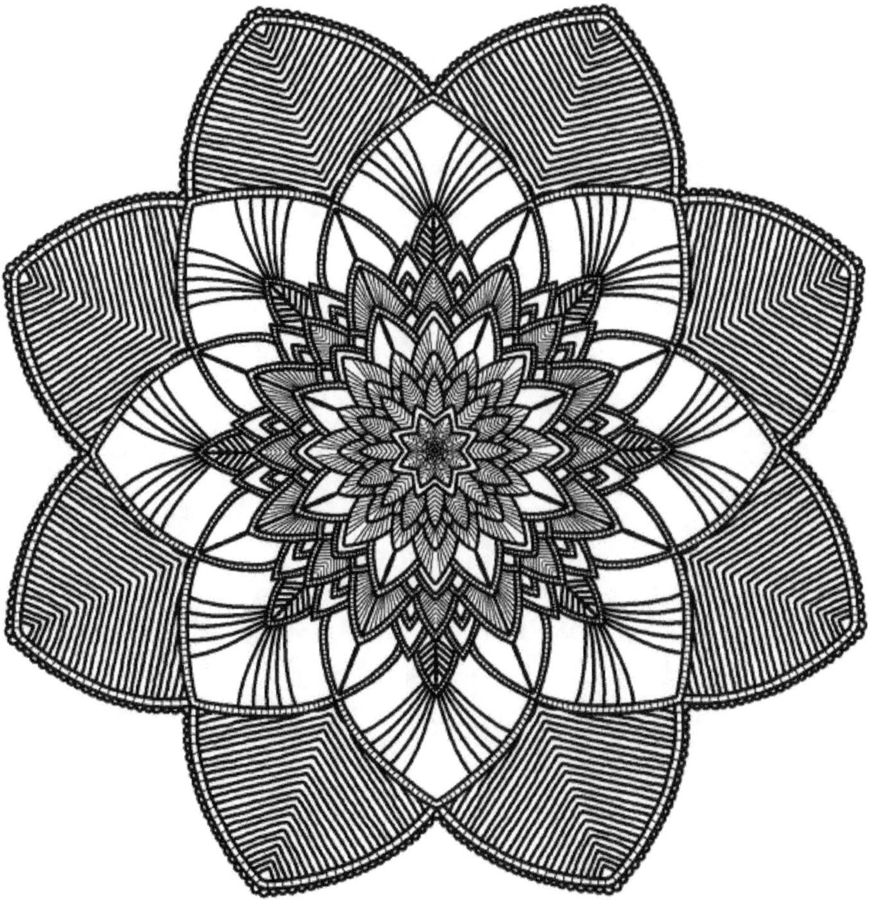

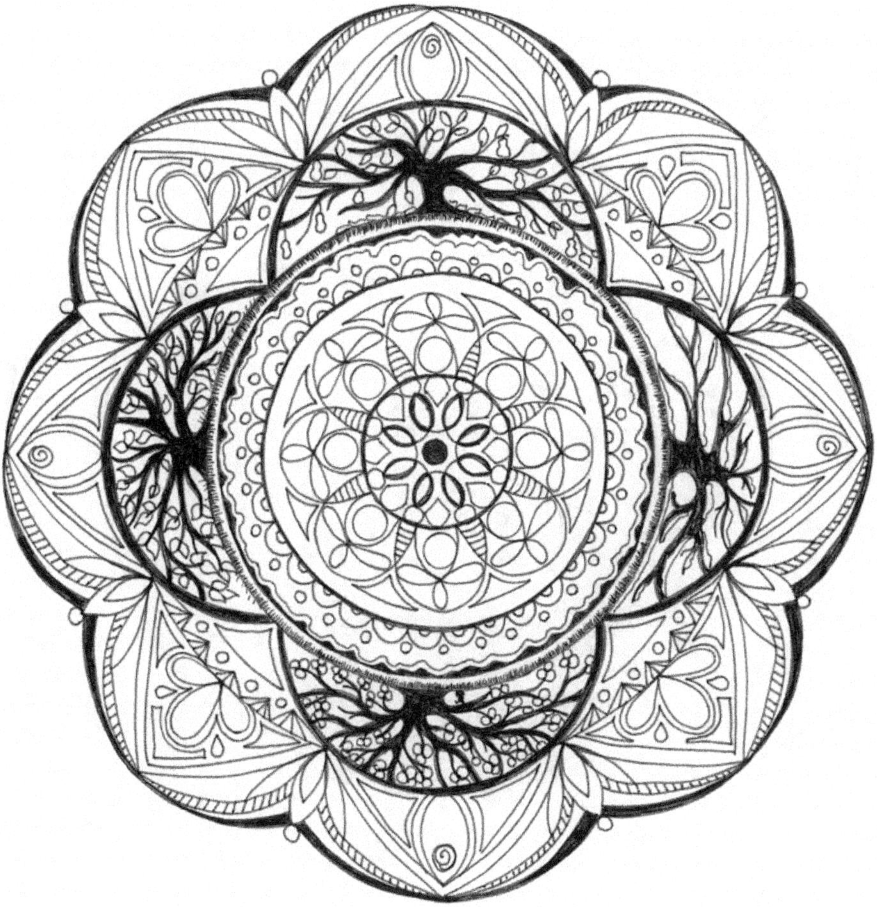

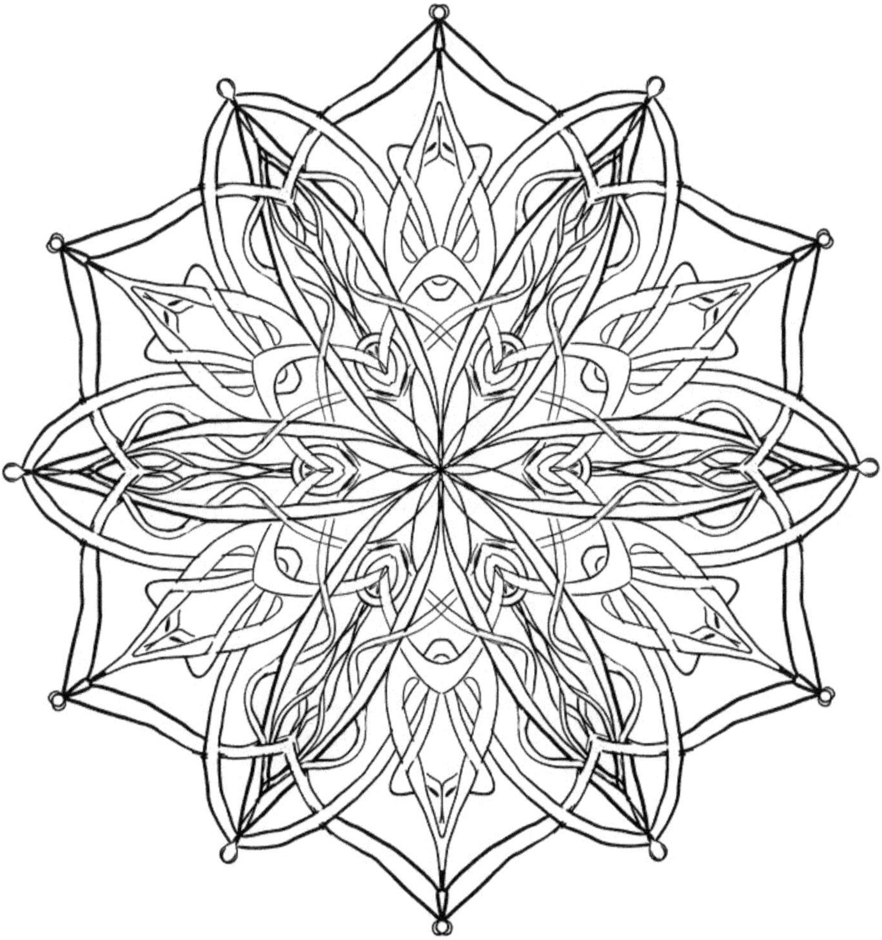

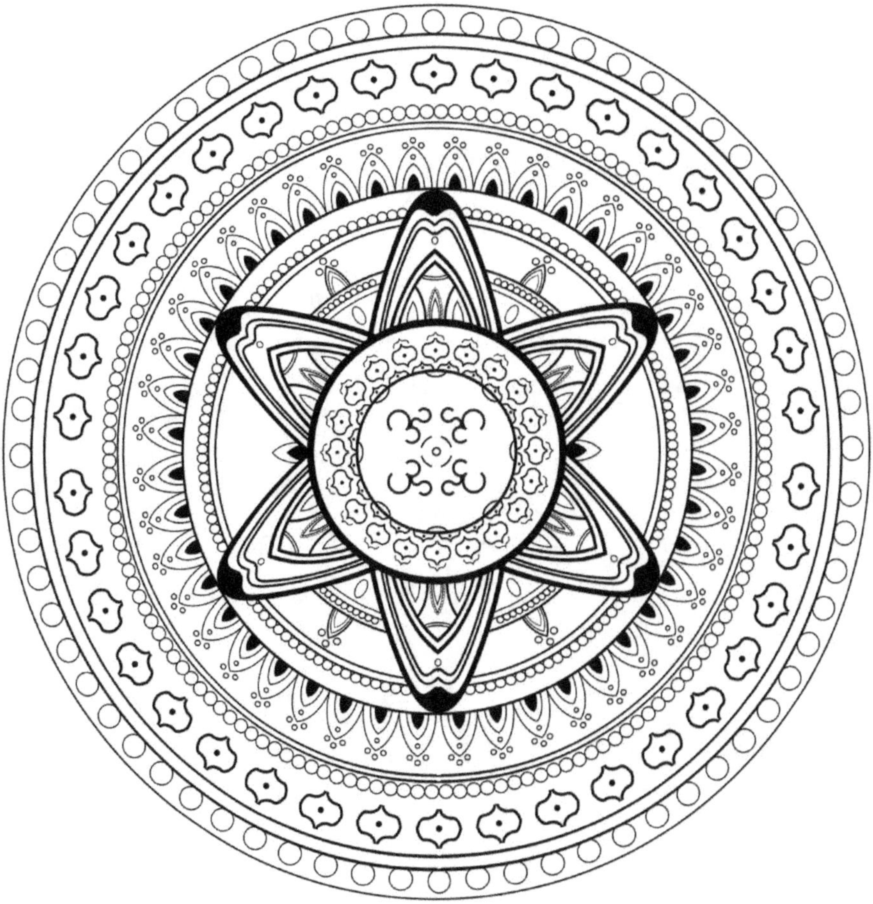

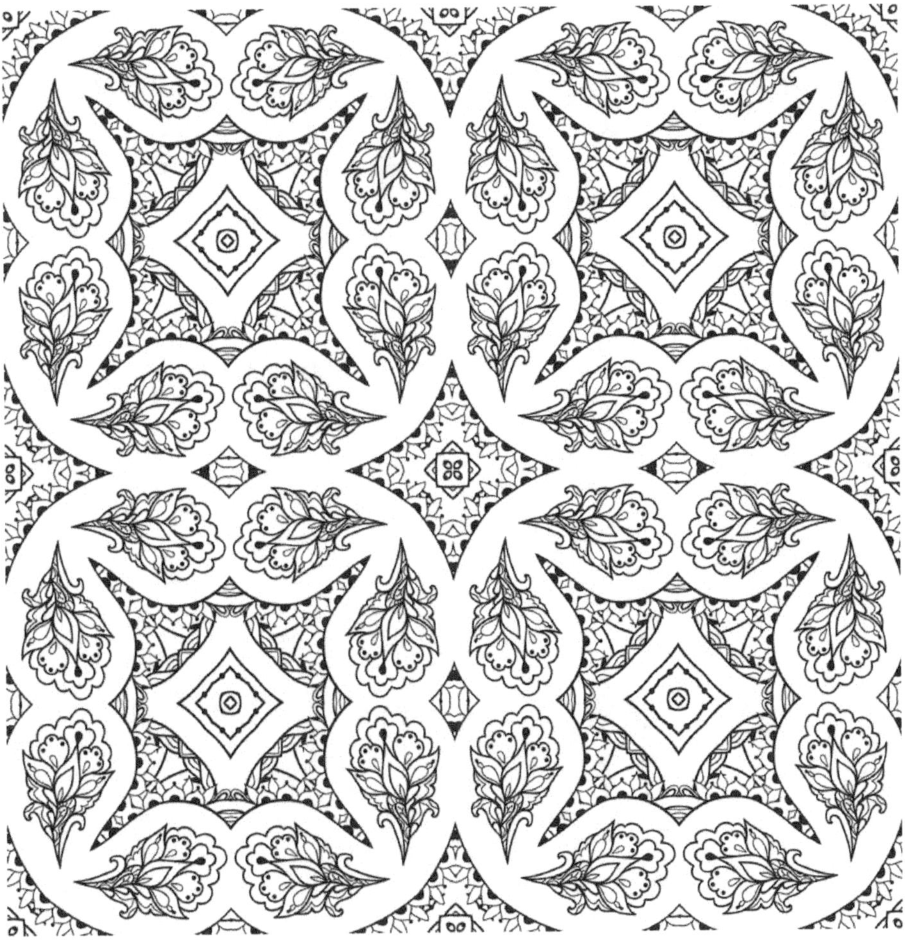

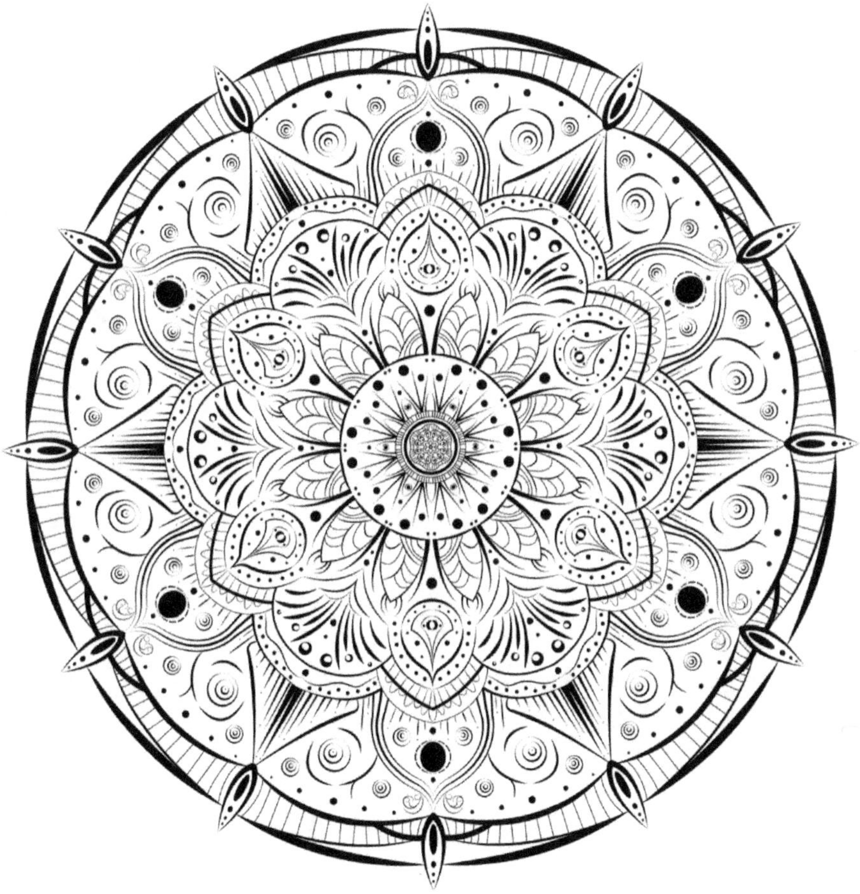

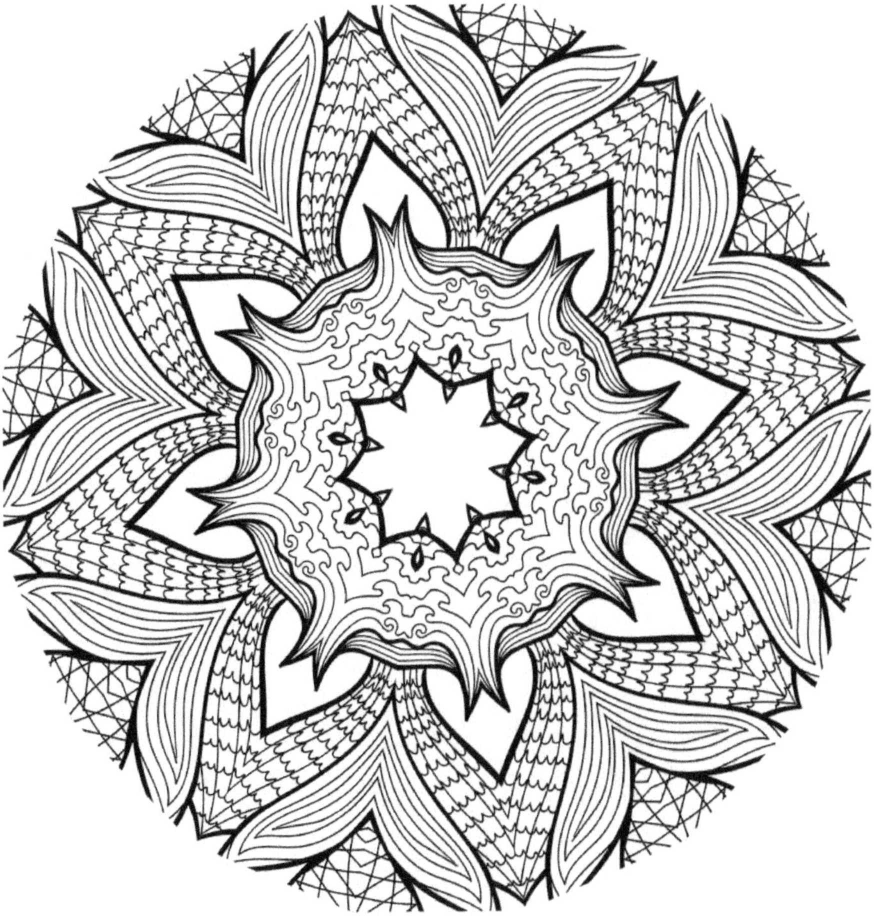

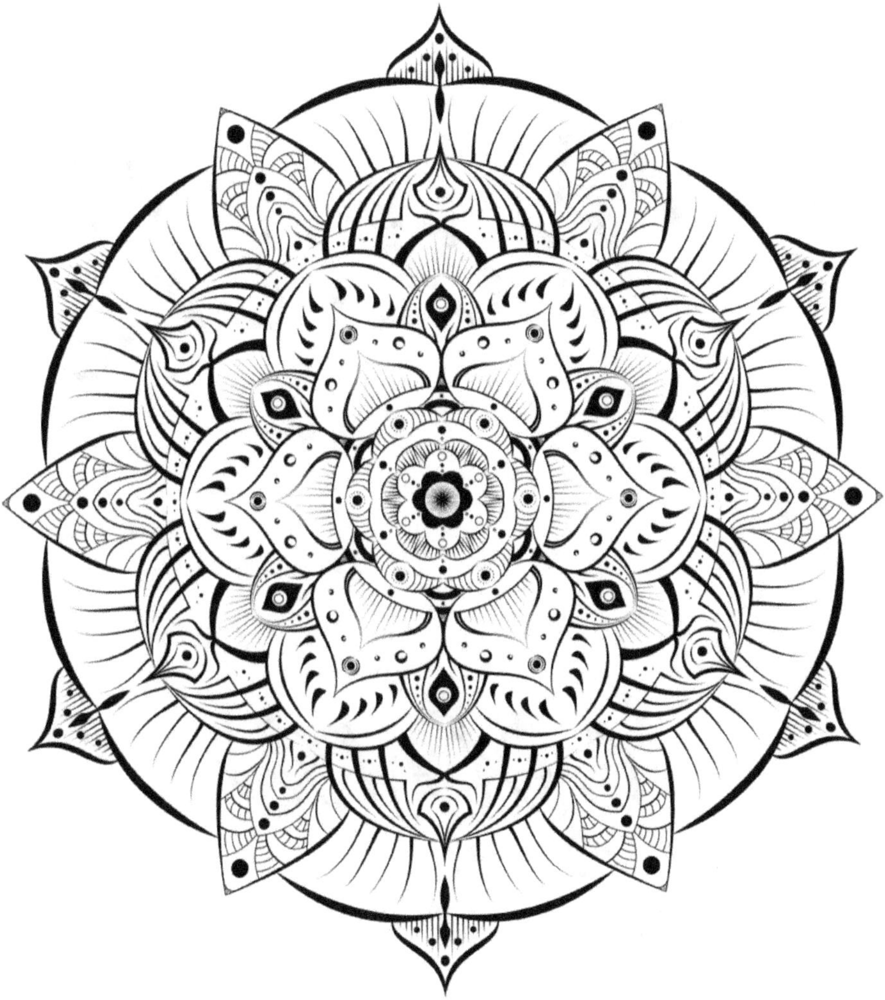

Thank

you

www.ingramcontent.com/pod-product-compliance
Lightning Source LLC
Chambersburg PA
CBHW050300220526
45465CB00002B/766
9798664688207